DESSINS

Héliog. Dujardin Paris Imp. Ch. Wittmann

CATALOGUE

DES

DESSINS

DE

L'ÉCOLE FRANÇAISE DU XVIIIe SIÈCLE

Œuvres remarquables de
BOUCHER, COCHIN, CLODION, EISEN
GILLOT, GRAVELOT, GREUZE, MARILLIER, MOREAU LE JEUNE, TORO

ESTAMPES

DE BOSSE, NICOLO DELLA CASA, DEBUCOURT, MOREAU LE JEUNE

MINIATURE PAR RABEL

PROVENANT DU

Cabinet de M. GUYOT DE VILLENEUVE

Président de la Société des Bibliophiles François

DONT LA VENTE AURA LIEU

HOTEL DROUOT, SALLE N° 7

Le Lundi 28 Mai 1900

à deux heures et demie

COMMISSAIRE-PRISEUR : **Me Paul CHEVALLIER**, 10, rue Grange-Batelière

EXPERTS

MM. FÉRAL Père et Fils	**MM. Edouard RAHIR & Cie**
	<small>Succ^{rs} de M. D. Morgand</small>
54, Faubourg Montmartre	55, Passage des Panoramas

EXPOSITIONS

PARTICULIÈRE : *Le Samedi 26 Mai 1900, de 1 heure 1/2 à 5 heures 1/2.*
PUBLIQUE : *Le Dimanche 27 Mai 1900, de 1 heure 1/2 à 5 heures 1/2.*

CONDITIONS DE LA VENTE

La vente sera faite au comptant.

Les acquéreurs paieront *cinq pour cent* en sus des adjudications.

L'exposition mettant le public à même de se rendre compte de l'état et de la nature des objets, il ne sera admis aucune réclamation une fois l'adjudication prononcée.

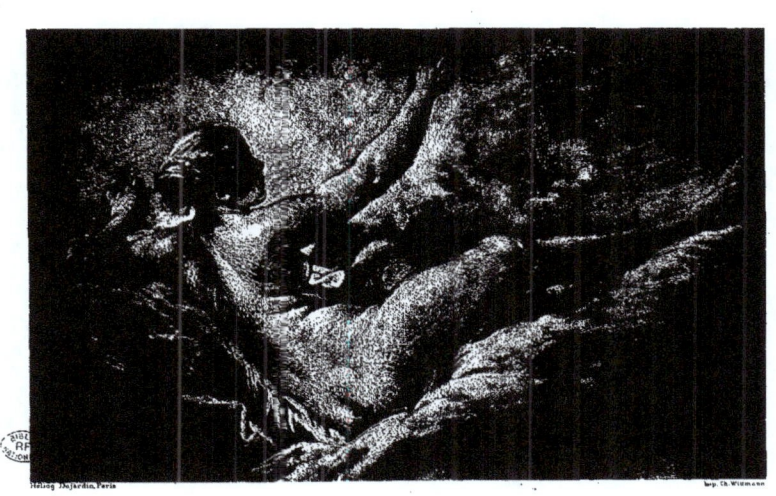

DÉSIGNATION

BOUCHER
(FRANÇOIS)

1 — *Danaé recevant la pluie d'or.*

Étendue sur des nuages, le haut du corps appuyé sur un coussin, elle est vue de dos, la tête tournée vers la droite, le bras levé vers le ciel illuminé par la pluie d'or.

Dessin aux trois crayons, rehaussé de blanc, d'une rare vigueur d'exécution.
Gravé par Petit pour l'éditeur Bonnet. (Voir n° 65 du Catalogue.)
Le dessin faisait alors partie du cabinet de M. Montullé.

Haut., 30 cent.; larg., 47 cent.

Très beau cadre en bois sculpté, du temps de Louis XVI, à coins et fronton ornés de guirlandes de fleurs.

COCHIN

(CHARLES-NICOLAS)

2 — *L'Origine des Grâces.*

Au premier plan, une jeune femme, enguirlandée de roses par l'Amour, chante en s'accompagnant sur une lyre. Elle est entourée par les Muses qui lui prêtent une oreille attentive.

A droite, les Trois Grâces, dont elle célèbre l'origine, la couronnent de fleurs.

Sur la nue, Apollon, dans un rayonnement de lumière.

A ses côtés, Vénus, environnée d'une gaze légère, avec des colombes sur les genoux.

Dessin à la sanguine pour le frontispice de *l'Origine des Grâces*, par Mlle Dionis du Séjour. — *Paris*, 1777.

Signé et daté : 1776.

Gravé par Augustin de Saint-Aubin.

Haut., 18 cent.; larg., 12 cent.

COCHIN

(CHARLES-NICOLAS)

3 — *Vénus et Charite.*

« Après le repas, Vénus se penche négligemment sur
« le lit de mousse; le Plaisir l'enchaîne avec des guir-
« landes de fleurs et la Volupté déploie ses cheveux sur
« son sein. Charite, l'heureux Charite, jouit de ce spec-
« tacle ravissant.

« Mais l'Amour fâché saisit l'instant où Vénus regar-
« dait tendrement Charite et, prenant sa flèche la plus
« aiguë, il la lance au berger.

« Aussitôt le Plaisir jette sur eux le voile de la Volupté
« et les Jeux s'enfuient avec l'Amour riant de sa ven-
« geance. » (*Origine des Grâces. Chant I*er.)

Dessin à la sanguine pour l'*Origine des Grâces.*
Signé et daté : 1775.
Gravé par Simonet.

Haut., 18 cent.; larg , 12 cent.

COCHIN

(CHARLES-NICOLAS)

4 — *Les Bergers.*

« L'Amour paraît chargé d'un carquois rempli de
« de flèches d'or...... lorsqu'un bruit soudain se faisant
« entendre, on vit apparaître la troupe des bergers. »
Origine des Grâces. Chant II.)

<small>Dessin à la sanguine pour l'*Origine des Grâces*.
Signé et daté : 1776.
Gravé par Néc.</small>

<small>Haut., 18 cent.; haut., 12 cent.</small>

COCHIN

(CHARLES-NICOLAS)

5 — *Les Adieux de Vénus.*

« Cependant les Heures, filles du Soleil, paraissent
« dans les airs assises sur le nuage argenté qui devait
« conduire Vénus dans l'Olympe. « Je vais te quitter
« encore », dit-elle à son berger, « les Dieux sont
« impatients de connaître les Grâces. » (*Origine des
Grâces. Chant III*.)

<small>Dessin à la sanguine pour l'*Origine des Grâces*.
Signé et daté : 1776.
Gravé par L.-J. Masquelier.</small>

<small>Haut., 18 cent.; larg., 12 cent.</small>

COCHIN

(CHARLES-NICOLAS)

6 — *Dessin allégorique sur la mort du Dauphin.*

« On voit en haut les armes de Mgr le Dauphin, rayonnantes de gloire et les restes d'un voile que la Mort a déchiré.

« En bas, la *Mort* entraîne les plis tombants de ce voile, dont la *Modestie* qui est à côté semble vouloir encore s'envelopper.

« Au-dessus, à droite, la *Sagesse* (sous l'emblème de Minerve) et la *Justice* dirigent l'*Étude*, désignée par le Coq et la lampe, vers l'*Histoire* qui écrit, appuyée sur le *Temps*.

« Derrière, à gauche, sont la *Bonté* avec le pélican qui s'ouvre le sein et la tendresse conjugale représentée par l'*Hymen* et l'*Amour* liés de fleurs et s'embrassant.

« A côté d'eux, la *Pureté* tenant un lys et, dans le fond, un groupe de vertus chrétiennes et morales. »

(*Description manuscrite de Cochin. — Cabinet des Estampes de la Bibliothèque Nationale. — Œuvre de Demarteau.*)

En bas du dessin, Cochin a écrit ce vers :
« La Mort a révélé le secret de sa vie ».

Traduction des vers d'Ausone qui figurent sur l'estampe de Demarteau et qui ont inspiré la composition :

« *Nempe quod injecit secreta modestia, Velum scinditur et vitæ gloria morte patet.*

Important dessin à la sanguine.

Signé et daté : 1766.

Gravé par Demarteau.

A figuré au Salon de 1767.

Haut., 31 cent.; larg., 20 cent.

COCHIN

(CHARLES-NICOLAS)

7 — *L'Application du Régent aux affaires et l'espérance que donne le Roy; 1716.*

La *France*, revêtue d'une robe parsemée de fleurs de lis et portant la couronne royale, soutient en l'air le médaillon de Louis XV, enfant.

Les Trois Gráces l'ornent de guirlandes de fleurs.

On voit, en bas, l'*Espérance* qui retient prisonnier un serpent enroulé autour d'un bâton et qui est entourée d'Amours soutenant une ancre.

A droite, un jeune oranger, dans un vase, symbolise la jeunesse du roi.

Dans la nue, deux Amours ailés portent une médaille représentant le *Soleil levant*, avec le millésime 1716 et la devise *Jubet Sperare*.

Grand dessin allégorique pour l'*Histoire du Roy Louis XV, par Médailles* (1753-1770).

Un des plus charmants et des plus considérables de l'œuvre de Cochin.

A été gravé par Flipart.

Haut., 33 cent.; larg., 22 cent.

Cadre à canaux, du temps de Louis XVI, en bois sculpté.

COCHIN

(CHARLES-NICOLAS)

(PENDANT DU PRÉCÉDENT)

8 — *L'Entrée de Louis XV à Paris par la porte Saint-Antoine en 1715.*

Le roi dans son carrosse, entouré des gardes du corps, est harangué par les conseillers et échevins de la ville.

Au fond, la porte Saint-Antoine et, un peu plus loin, la Bastille dont les tours massives servent de fond au tableau.

La scène est placée dans un superbe encadrement architectural. On y remarque le portrait du roi et celui du duc d'Orléans, régent de France, dans des médaillons.

Sur une troisième médaille, une allégorie représente Hercule portant une sphère étoilée, ornée des signes du Zodiaque, avec le millésime 1715 et la devise: *Par virtus oneri.*

Grand dessin de Cochin pour l'*Histoire du Roy Louis XV, par Médailles* (1753-1770).

D'un beau style et d'une magnifique exécution.

Daté 1754.

A été gravé par Gallimard en 1755.

Haut., 33 cent.; larg., 22 cent.

Cadre à canaux, du temps de Louis XVI, en bois sculpté.

COCHIN

(CHARLES-NICOLAS)

9 — *Portrait de Mlle Sophie Lecoulteux du Molay.*

En buste, dans un médaillon, couronné par trois figures de femmes représentant le Chant, la Musique et la Peinture.

Plus bas, trois amours chantent ou jouent d'instruments divers.

Dessin à la mine de plomb, de la plus gracieuse ordonnance et de la plus fine exécution.

Signé et daté : 1782.

A été gravé par Nicollet en tête d'un morceau de musique : Mlle Lecoulteux du Molay était chanteuse à l'Opéra.

Haut., 14 cent.; larg., 21 cent.

Cadre en bois sculpté du temps de Louis XVI.

COCHIN

(CHARLES-NICOLAS)

10 — *Portrait de M. le Marquis de Marigny.*

Il apparaît de profil, dans un médaillon couronné par deux amours en larmes et fixé sur une pyramide.

Trois jeunes femmes personnifiant la *Sculpture,* le *Dessin* et la *Peinture,* plongées dans la douleur, se tiennent devant un soubassement orné de ses armoiries.

Dessin exécuté, après la mort du marquis de Marigny, pour être mis en tête du Catalogue de sa vente.

Au crayon noir.

Signé et daté : 1781.

Haut., 13 cent.; larg., 9 cent.

Cadre avec fronton, en bois sculpté, du temps de Louis XVI.

COCHIN

(CHARLES-NICOLAS)

11 — *Huit compositions pour le Missel de la Chapelle de Versailles.*

    LA PENTECÔTE.
    L'EUCHARISTIE.
    L'INCENDIE DE JÉRUSALEM.
    LA PARABOLE DE LAZARE.
    LA CIRCONCISION.
    SAINT PIERRE ÉVANGÉLISANT LES JUIFS.
    L'EXALTATION DE LA CROIX.
    GETSÉMANI.

Ces dessins devaient être exécutés en miniature sur vélin. On n'a pas donné suite à ce projet. (Voir Goncourt : *L'Art au XVIIIe siècle.*)
A la sanguine.
Signés et datés : 1782.
Dans un cadre, du temps de Louis XVI, en bois sculpté.

CLODION

(MICHEL)

12 — *Petits Satyres.*

L'un tient un tambour de basque, l'autre joue du chalumeau.

Ils sont assis et adossés à un médaillon de forme ovale.

Au-dessous, une nymphe et un satyre font une offrande à Priape.

Superbe dessin, d'une rare qualité.
Estompe et crayon noir, rehaussé de blanc sur papier gris.
          Haut., 42 cent. ; larg., 52 cent.

(Collection Mahérault.)

CLODION

(MICHEL)

(PENDANT DU PRÉCÉDENT)

13 — *Petits Satyres.*

Ils tiennent, l'un des fleurs, l'autre une flèche.

Ils sont assis et adossés à un médaillon de forme ovale.

Au-dessous, une nymphe couchée, flagellée par un amour.

Très beau dessin à l'estompe et au crayon noir, rehaussé de blanc sur papier gris.

Les dessins de Clodion sont d'une extrême rareté.

Reproduit dans le Catalogue.

Haut., 42 cent.; larg., 50 cent.

(*Collection Mahérault.*)

EISEN
(CHARLES)

14 — *L'Histoire.*

Elle est appuyée sur le *Temps* et éclairée par la *Vérité*.

Dessin à la sanguine, d'un grand éclat, sur vélin.
Signé et daté : 1773.
Gravé par De Longueil, en 1774, pour servir de frontispice aux *Nouvelles historiques* de d'Arnaud.

Haut., 15 cent.; larg., 10 cent.

EISEN
(CHARLES)

15 — *Le Sire de Créqui.*

Créqui rentre à son manoir, après une longue captivité en Terre-Sainte, au moment où sa femme, le croyant mort, se rend à l'autel pour contracter une union nouvelle.

« Mes malheurs, mon amour, le chagrin de souffrir loin de votre présence ont défiguré mes traits ; mais, reconnaissez Créqui à son cœur pénétré de la plus vive tendresse, à ce gage de votre amour. — Il montre son anneau. » — Episode du *Sire de Créqui*, nouvelle historique de d'Arnaud. — *Paris*, 1776.

Dessin à la sanguine, sur vélin; l'un des meilleurs de l'artiste.
Exécuté en 1774.
Gravé par De Launay le jeune.

Haut., 15 cent.; larg., 10 cent.

EISEN

(CHARLES)

16 — *Fanny.*

« Lord Thaley était prosterné à ses pieds, les serrait
« contre sa bouche, les arrosait de larmes. » — Épisode de *Fanny,* nouvelle anglaise, de d'Arnaud. — *Paris,* 1767.

Dessin à la mine de plomb, sur vélin.
Exécuté en 1766.
Gravé par E. de Ghendt.

Haut., 15 cent.; larg., 10 cent.

EISEN

(CHARLES)

17 — *Lucie et Mélanie.*

« Cet espèce d'ascendant, qui semble appeler le mal-
« heureux au-devant du trait qui le frappe, la sollicite,
« la presse de savoir ce que cette boîte contient.....
« Ce billet s'offre à ses regards : « Voilà ce cœur qui
« vous a adorée et qui n'a respiré que pour vous : l'in-
« flexible Mélanie lui refusera-t-elle quelques larmes? »
— Épisode de *Lucie et Mélanie,* nouvelle de d'Arnaud. — *Paris,* 1767.

Dessin à la mine de plomb, sur vélin.
Signé et daté : 1767.
Gravé par De Longueil, la même année.

Haut., 15 cent.; larg., 10 cent.

EISEN
(CHARLES)

18 — *Nancy*.

« Elle s'offre à sa vue touchant à sa dernière heure, tenant son enfant d'une main défaillante. » — Épisode de *Nancy*, nouvelle anglaise de d'Arnaud. — Paris, 1767.

Dessin à la mine de plomb, sur vélin.
Signé et daté : 1767.
Gravé par E. de Ghendt, la même année.

Haut., 15 cent.; larg., 10 cent.

EISEN
(CHARLES)

19 — *Sargines*.

« Elle appelle Sargines pour lui décerner le prix, le ceint de sa main de l'écharpe qui lui était destinée. !» — Scène tirée de *Sargines*, nouvelle de d'Arnaud. — Paris, 1772.

Dessin à la mine de plomb, sur vélin.
Signé et daté : 1770.
Gravé par Ponce.

Haut., 15 cent.; larg., 10 cent.

EISEN

(CHARLES)

20 — Suite de six dessins.

Ils reproduisent diverses scènes tirées des *Nouvelles* de d'Arnaud.

1° Vignette de *Lucie et Mélanie*. Paris, 1767.

« Où courez-vous, mademoiselle, lui dit le comte « d'Estival, en s'opposant à son passage et en se jetant « à ses pieds ? »

Exécuté en 1767.
Gravé par De Longueil.

2° Vignette de *Batilde*. — Paris, 1768.

« Oui, Archambaud, je vous ai aimé. Cet aveu n'of-« fense pas mon époux, puisque la vertu a toujours « combattu ce penchant et qu'aujourd'hui elle en triom-« phera. »

Signé et daté : 1767.
Gravé par Binet.

3° Vignette pastorale du *Sire de Créqui*. — Paris, 1776.

Sujet champêtre, dessiné à la sanguine dans un gracieux encadrement à la mine de plomb. C'est une des plus jolies figures d'Eisen.

Signé et daté : 1774.
Gravé par Née.

4° Vignette de *Fanny*. — *Paris*, 1767.

« Fanny revient sur ses pas, cède à un mouvement
« involontaire qui l'emporte, prend la lettre, l'ouvre en
« tremblant »

Charmant dessin à la mine de plomb.
Signé et daté : 1766.
Gravé par E. de Ghendt.

5° Vignette de *Adelson et Salvini*. — *Paris*, 1772.

« Non qu'on me laisse ces fers, ils ne sont pas encore
« assez pesants. Mylord, je vous l'ai écrit. »

Signé et daté : 1770.
Gravé par Ponce.

6° Vignette de *Nancy*. — *Paris*, 1767.

« Un domestique lui tend une lettre de la part de
« son époux, et se retire aussitôt en ajoutant qu'on
« n'attendait pas de réponse. »

Signé et daté : 1767.
Gravée par E. de Ghendt.

Ces six dessins sont à la mine de plomb, sur vélin. Le numéro 3 est rehaussé à la sanguine.

Cadre, orné d'un cartouche entouré de branches de laurier, en bois sculpté.

EISEN

(CHARLES)

21 — Suite de six culs-de-lampe :

1° Cul-de-lampe de *Sargines*. — *Paris*, 1772.

Un groupe d'amours dans un encadrement formé par des trophées d'armes.

Signé et daté : 1770.
Gravé par E. de Ghendt.

2° Cul-de-lampe du *Sire de Créqui*. — *Paris*, 1776.

Le blason du chevalier entouré de l'armure et des armes du croisé, du bâton du pèlerin et des chaînes du prisonnier.

Signé et daté : 1774.
Gravé par Née.

3° Cul-de-lampe de *Adelson et Salvini*. — *Paris*, 1772.

L'Amour allaité par des Furies, dans un encadrement de serpents et de chauves-souris.

Signé et daté : 1770.
Gravé par Massard.

4° Cul-de-lampe de *Lucie et Mélanie*. — *Paris*, 1767.

Mélanie, en religieuse, dessine le portrait du comte d'Estival. Elle est abritée par une draperie, sur laquelle se détachent les attributs de l'amour, la tête de mort et la discipline du cénobite.

Signé et daté : 1767.
Gravé par De Longueil.

5° Cul-de-lampe de *Nancy*. — *Paris*, 1767.

L'Amour mordu par le serpent de la jalousie.

Signé et daté : 1767.
Gravé par E. de Ghendt.

6° Cul-de-lampe par *Quéverdo*.

L'Amour présentant à une jeune femme un manuscrit sur lequel on lit : « Dédié à l'humanité. »

Signé et daté : 1767.

Ces six dessins sont à la mine de plomb, sur vélin.

Les cinq dessins d'Eisen ont été composés et exécutés pour les *Nouvelles*, de d'Arnaud.

Dans un même cadre.

ÉCOLE FRANÇAISE

(XVIIIᵉ SIÈCLE)

22 — *Fanchon la Vielleuse.*

Vue jusqu'aux genoux, tournée vers la gauche, la tête presque de face regardant le spectateur, un bras demi-nu, elle porte un capuchon posé sur ses cheveux blonds relevés et ornés d'un ruban violet.

Elle tient sa vielle soutenue par une courroie passée autour de sa taille.

Ce portrait de Mᵐᵉ Belmont, dans le rôle de Fanchon la Vielleuse (1789), a été attribué à Isabey.

C'est en tout en cas l'un des plus jolis dessins de l'École Française du xviiiᵉ siècle.

Haut., 31 cent.; larg., 22 cent.

Cadre en bois sculpté, du temps de Louis XVI, d'une qualité rare, provenant de la collection du comte de La Béraudière.

GILLOT

(CLAUDE)

23 — *Personnage de la Comédie italienne.*

En pied légèrement tourné vers la gauche, la tête couverte d'un capuchon orné des grelots de la Folie, il tient un tambourin à la main.

Dessin à la sanguine.

Haut., 26 cent.; larg., 16 cent.

Très beau cadre en bois sculpté, avec attributs champêtres du temps de Louis XVI.

GILLOT

(CLAUDE)

24 — *La Cérémonie du Malade imaginaire.*

Entrée du corps de ballet « composé de huit porte-seringues, six apotiquaires, vingt-deux docteurs, celuy qui se fait recevoir médecin, huit chirurgiens dançans et deux chantans ». (*Le Malade imaginaire, comédie meslée de musique et de dançe.* — Paris, Ballard, 1673.)

Dessin à la sanguine.
Gravé par Adolphe Lalauze.

Haut., 17 cent.; larg., 22 cent.

Cadre en bois sculpté du temps de Louis XV.

GRAVELOT

(HUBERT)

25 — *La Musique.*

Dans un salon, dix personnages, cinq femmes et cinq hommes, écoutent un joueur de flûte, accompagné sur le clavecin par une jeune fille.

Le dessin est placé dans un élégant entourage de style rocaille.

Dessin à la plume, le trait rehaussé à l'encre de Chine.

Haut., 15 cent.; larg., 20 cent.

Cadre en bois sculpté.

GRAVELOT
(HUBERT)
(PENDANT DU PRÉCÉDENT)

26 — *La Peinture.*

Dans un atelier, dont les murs sont ornés de tableaux, un peintre est occupé à faire le portrait d'une jeune femme qui pose devant lui.

Trois autres personnages les regardent.

Le dessin est entouré comme le précédent d'un ornement de style rocaille.

Dessin à la plume, le trait relevé à l'encre de Chine.

Ces deux dessins sont du temps où Gravelot travaillait en Angleterre. Quoiqu'ils aient été faits pour être gravés, ce qui se reconnait à la banderole placée en haut de l'entourage et destinée à recevoir un titre, ils sont restés inédits.

Haut., 15 cent.; larg., 20 cent.

Cadre en bois sculpté.

GRAVELOT
(HUBERT)

27 — *Billet de Bal.*

Dans un cartouche, de style rocaille, un jeune seigneur et une jeune dame dansent le menuet. En haut, l'inscription : *Bal pour Mardy*.

Le trait à la plume relevé à la sépia.
De la même époque que les dessins précédents.

Haut., 12 cent.; larg., 18 cent.

Cadre en bois sculpté.

GRAVELOT
(HUBERT)

28 — *Portrait de Boccace.*

Adossée à un bas-relief, sur lequel se détache le portrait de Boccace dans un médaillon enguirlandé de fleurs, une jeune faunesse est accoudée à la sphère terrestre.

Elle s'entretient avec l'Amour assis auprès d'elle, et essaye du doigt la pointe d'une flèche.

A l'entour, les attributs de la Comédie et de la Musique.

Spirituel dessin, d'une extrême habileté d'exécution, gravé par Lempereur pour l'illustration du *Décameron* publié à Paris en 1757.

Au trait à la plume, ombré à la sépia.

Signé.

Haut., 11 cent.; larg., 7 cent.

Cadre en bois sculpté.

GRAVELOT

(HUBERT)

29 — Deux dessins pour l'illustration du *Décaméron*, de Boccace.

1° Ve JOURNÉE, nouvelle 2.
Gravé par Aliamet.

2° VIIIe JOURNÉE, nouvelle 2.
Gravé par Pitre Martenasie.

Charmants dessins d'une extrême finesse exécutés pour l'édition publiée en 1757.
Signés.
Le trait à la plume ombré à la sépia.

Haut., 10 cent.; larg., 6 cent.

Dans un même cadre.

GREUZE

(JEAN-BAPTISTE)

30 — *Les Soins maternels.*

Dans un intérieur rustique, une jeune femme assise tient devant elle une fillette à laquelle elle apprend à tricoter.

A sa droite, un petit garçon, assis sur une chaise basse, est accoudé sur le genou de sa mère.

En arrière, sur un bahut, un chat au repos.

Important dessin à la plume, lavé à l'encre de Chine, d'une exécution facile et d'un grand charme de composition.

Gravé par Beauvarlet. (Voir n° 60 du catalogue.)

Le dessin faisait alors partie du cabinet de M. Damery.

Haut., 42 cent.; larg., 31 cent.

Très beau cadre, du temps de Louis XVI, en bois finement sculpté, orné d'un fronton composé des attributs de l'Amour et décoré de guirlandes de roses, reproduit en frontispice dans le catalogue.

MARILLIER

(PIERRE-CLÉMENT)

31 — *Liebman*.

« Lorsque j'embrasse ce tombeau qui contient sa « cendre ». Episode de *Liebman*, nouvelle de d'Arnaud. — *Paris*, 1775.

Dessin à la sépia d'une très belle exécution.
Signé et daté : 1774.
Gravé par Lingée.

Haut., 14 cent.; larg., 10 cent.

MARILLIER

(P.-C.)

32 — *Henriette et Charlot*.

« Ma fille, ma fille sous cet habit, s'écrie à son tour le comte de Valencey ». Episode de *Henriette et Charlot*, nouvelle de d'Arnaud. — *Paris*, 1779.

Charmante composition à la sépia.
Signée et datée : 1777.
Gravée par Halbou.

Haut., 14 cent.; larg., 10 cent.

MARILLIER

(P.-C.)

33 — *Germeuil*.

« Arrêtez, arrêtez, s'écrie un homme égaré, hors de « lui-même et qui était entré avec précipitation, donnez- « moi..... ». Episode de *Germeuil*, nouvelle de d'Arnaud. — *Paris*, 1777.

Dessin à la sépia, d'une rare perfection d'exécution.
Signé et daté : 1776.
Gravé par Halbou.

Haut., 14 cent.; larg., 10 cent.

MARILLIER
(P.-C.)

34 — *Daminville*.

« Conduit en quelque sorte par l'enfant, Monsorin
« précipite sa marche..... il approche, recule de sur-
« prise et revient tomber dans les bras du pauvre en
« s'écriant : mon fils ! ». Episode de *Daminville,* nou-
« velle de d'Arnaud. — *Paris*, 1778.

Dessin à la sépia.
Signé et daté : 1776.
Gravé par Halbou.

Haut., 14 cent.; larg., 10 cent.

MARILLIER
(P.-C.)

35 — *Makin*.

« Il a sous les yeux le tableau de toutes les horreurs
« qui suivent un naufrage ». Episode de *Makin,* nou-
« velle de d'Arnaud. — *Paris*, 1777.

Excellent dessin à la sépia.
Signé et daté : 1776.
Gravé par Halbou.

Haut., 14 cent.; larg., 10 cent.

MARILLIER
(P.-C.)

36 — *Almanzi*.

« Il est renversé sur la brèche ; un soldat ennemi
s'apprêtait à lui brûler la cervelle ». Episode de d'*Almanzi*, nouvelle de d'Arnaud. — *Paris*, 1776.

Joli dessin à la sépia.
Signé et daté : 1775.
Gravé par Halbou.

Haut., 14 cent.; larg., 10 cent.

MARILLIER
(P.-C.)

37 — *Charles II d'Angleterre et le Chancelier Clarendon.*

Le roi est en exil au château de Saint-Germain ; Clarendon ui apporte, dans une cassette, les lettres venues d'Angleterre. Episode de *la Duchesse de Châtillon*, nouvelle historique de d'Arnaud. — *Paris*, 1780.

Dessin à l'encre de Chine.
Signé et daté : 1779.
Gravé par Fessard.

Haut., 6 cent.; larg., 9 cent.

MARILLIER
(P.-C.)

38 — *Germeuil.*

« Laissez-moi donc vous fuir, je vous en conjure.
« c'est à vos genoux que je me jette, que j'implore. »
Episode de *Germeuil*, nouvelle de d'Arnaud. — *Paris*, 1777.

Dessin d'un goût très fin, exécuté à la sépia.
Signé et daté : 1775.
Gravé par Le Grand.

Haut., 6 cent.; larg., 9 cent.

MARILLIER
(P.-C.)

39 — *Liebman.*

« Mais qui a fait ces jardins, ces gazons, ces fleurs ?
« Qui a distribué ces eaux dans ces bassins, dans ces
« canaux ? Qui a construit cette maison ? » Episode de
Liebman, nouvelle de d'Arnaud. — *Paris*, 1775.

Dessin à la sépia.
Signé et daté : 1775.
Gravé par Langée.

Haut., 6 cent.; larg., 9 cent.

MARILLIER
(P.-C.)

40 — *Daminville.*

Félicie n'avait pu résister à l'impatience de se jeter aux pieds de son beau-père. » Episode de *Daminville*, nouvelle de d'Arnaud. — *Paris*, 1778.

Dessin à la sépia.
Signé et daté : 1777.
Gravé par Halbou.

Haut., 6 cent.; larg., 9 cent.

MARILLIER
(P.-C.)

41 — *Almanzi.*

« Le Comte ne saurait en croire ses yeux..... Il est aux pieds de Clémence ». Episode de d'*Almanzi*, nouvelle de d'Arnaud. — *Paris*, 1776.

Dessin à la sépia.
Signé et daté: 1775.
Gravé par Halbou.

Haut., 6 cent.; larg., 9 cent.

MARILLIER
(P.-C.)

42 — *Makin.*

« Ils se nourrissaient de fruits, de poissons, de chè-« vres sauvages, d'oiseaux ». Scène tirée de *Makin*, nouvelle de d'Arnaud. — *Paris*, 1777.

Gracieuse composition à la sépia.
Signée et datée: 1776.
Gravée par Halbou.

Haut., 6 cent.; larg., 9 cent.

MARILLIER
(P.-C.)

43 — Cul-de-lampe pour l'illustration de d'*Almanzi*.

Elégant cartouche, orné de consoles et de branches de laurier, surmonté d'un vase à godrons garni de fleurs et présentant a figure allégorique de la *Justice* couronnée par le *Temps*.

<small>Composé pour les œuvres de d'Arnaud.
Dessin à la sépia.
Signé et daté : 1775.
Gravé par Halbou.</small>

<small>Haut., 12 cent.; larg., 10 cent.</small>

MARILLIER
(P.-C.)

44 — Cul-de-lampe pour l'illustration de *Germeuil*.

Il offre, dans un médaillon, un groupe d'amours que menace un serpent dissimulé dans les fleurs. Une torche ailée le surmonte, accompagnée de guirlandes et de branches de laurier.

<small>Composé pour les œuvres de d'Arnaud.
Dessin à la sépia.
Signé et daté : 1775.
Gravé par Le Grand.</small>

<small>Haut., 12 cent.; larg., 10 cent.</small>

MARILLIER
(P.-C.)

45 — Cul-de-lampe pour l'illustration de *Daminville*.

Très joli cartouche surmonté d'un pélican placé sur son nid, orné d'un sujet allégorique et d'une draperie avec la devise : *Rien ne me résiste*.

<small>Composé pour les œuvres de d'Arnaud.
Dessin à la sépia.
Signé et daté : 1776.
Gravé par Halbou.</small>

<small>Haut., 12 cent.; larg., 10 cent.</small>

MARILLIER
(P.-C.)

46 — Cul-de-lampe pour l'illustration de *Makin*.

Dans un cadre, orné de piastres et entouré de roseaux, une barque agitée par les vagues et portant un amour ailé. Le tout surmonté d'une banderolle avec la devise : *L'Amour le conduit*.

Composé pour les œuvres de d'Arnaud.
Dessin à la sépia.
Signé et daté : 1775.
Gravé par E. de Ghendt.

Haut., 12 cent.; larg., 10 cent.

MARILLIER
(P.-C.)

47 — Cul-de-lampe pour l'illustration de *Liebman*.

Dans un médaillon, orné d'oves et de feuilles d'eau, entouré des emblèmes de l'Amour et de la Mort, une figure allégorique représentant la *Religion* consolant l'*Amour*.

Composé pour les œuvres de d'Arnaud.
Dessin à la sépia.
Signé et daté : 1774.
Gravé par De Longueil.

Haut., 12 cent.; larg., 10 cent.

MARILLIER

(P.-C.)

48 — Cul-de-lampe pour l'illustration de *Henriette et Charlot*.

Gracieuse composition, surmontée d'attributs champêtres, ornée de guirlandes et de feuillages. Dans un médaillon, un berger piétine des couronnes.

Composé pour les œuvres de d'Arnaud.
Dessin à la sépia.
Signé et daté : 1776.
Gravé par Halbou.

Haut., 12 cent.; larg., 10 cent.

MARILLIER

(P.-C.)

49 — *Groupe d'amours armés de torches*.

Ils sont debout, entretenant sur un autel le feu de l'Amour.

A terre, leurs carquois et leurs flèches.

Dessin au trait à la plume, ombré d'encre de Chine.

Haut., 11 cent.; larg., 9 cent.

MARILLIER

(P.-C.)

5o — Frontispice de *Régulus* et de *La Feinte par amour*.

Il présente en bas-relief et en médaillon une scène tirée de chacune des pièces dont il est destiné à recevoir les titres. Il est orné de trophées d'armes, de guirlandes de fleurs et d'amours.

Dessin à la mine de plomb.

Exécuté pour servir de frontispice à la tragédie de *Régulus* et à la comédie de *La Feinte par amour*, œuvres de Dorat, réunies en un volume. — *Paris*, 1773.

Gravé par Marillier.

Haut., 14 cent.; larg., 9 cent.

Cadre en bois sculpté, orné d'un fronton avec nœud de rubans et guirlande.

MARILLIER

(P.-C.)

51 — *Frontispice de livre.*

Orné de deux allégories : l'une, en bas-relief, représentant l'*Hommage ou Courage Militaire*, personnifié par un chevalier bardé de fer; l'autre, en médaillon, représentant l'*Hommage à la Beauté*, figurée par une jeune bergère.

Accompagné d'attributs champêtres et de trophées d'armes.

En bas, deux amours, l'un casqué portant une lance, l'autre armé d'un arc, se tiennent auprès de guirlandes de roses et de lauriers.

Dessin à la sepia.

Haut., 13 cent.; larg., 8 cent.

Cadre en bois sculpté

MOREAU LE JEUNE
(JEAN-MICHEL)

52 — *Le Rendez-vous pour Marly*.

« Céphise et son amie partent en petites robes pour Marly, où elles jouiront pleinement de tous les agréments que leur offre le retour de la belle saison. » *Suite d'estampes pour servir à l'Histoire des mœurs et du costume des Français dans le dix-huitième siècle.* — Paris, Prault, 1775-1783.

Céphise seule est ici représentée. Elle est vêtue d'une robe *à la Polonaise* et d'un chapeau *à la Henri IV*. Son portrait, spirituellement esquissé, forme une étude aux trois crayons pour le Monument du costume. Dans l'estampe de ce célèbre recueil, elle est accompagnée d'une amie et offre le bras à un cavalier.

Gravé par Guttemberg.

Haut., 31 cent.; larg., 22 cent.

Cadre en bois sculpté, du temps de Louis XVI.

MOREAU LE JEUNE

(J.-M.)

53 — *Diane et Endymion.*

>Endymion, condamné par Jupiter à un sommeil perpétuel, est étendu à terre, son chien près de lui.
>Diane apparaît sur un nuage illuminé par la lune. Une écharpe de gaze, agitée par le vent, voltige au-dessus de sa tête, et deux amours la précèdent.
>
>Important dessin à la sépia sur un trait de plume.
>La monture porte la marque de *Ard*.
>
> Haut., 40 cent.; larg., 55 cent.
>
> (Collection Mahérault.)

Cadre en bois sculpté.

MOREAU LE JEUNE

(J.-M.)

54 — *Les Confidences de l'Amour.*

>Vénus, la taille entourée d'une ceinture de gaze, est assise sur un nuage, un bras tendu vers la gauche, l'autre entourant l'Amour armé d'un arc.
>
>Ce dessin, d'une délicatesse remarquable, ornait un exemplaire du *Temple de Gnide*. — *Paris, Didot* (1796) — de la bibliothèque de M. Renouard.
>Une note du catalogue de sa vente le désigne particulièrement à l'attention des amateurs sous le n° 2013.
>Signé et daté : An XIII.
>A la sépia, sur vélin.
>
> Haut., 23 cent.; larg., 16 cent.

MOREAU LE JEUNE
(J.-M.)
(PENDANT DU PRÉCÉDENT)

55 — *L'Amour et Psyché.*

Assise au pied d'un arbre, Psyché, vêtue d'une gaze légère et d'un manteau drapé, lève tristement ses yeux vers le ciel où l'Amour s'enfuit.

Ce dessin, comme le précédent, figurait dans l'exemplaire du *Temple de Gnide* de la bibliothèque de Renouard.
Signé et daté : An XIII.
A la sépia sur vélin.
Haut., 23 cent.; larg., 16 cent.

MOREAU LE JEUNE
(J.-M.)

56 — *Acis et Galathée.*

Galathée, une des Néréides, aimée de Polyphème et d'Acis, préféra ce jeune et beau berger au Cyclope difforme. Moreau la représente sur une conque marine tirée par des Tritons. Elle vient d'être surprise par Polyphème au moment où elle recevait les déclarations d'Acis.

Le Cyclope courroucé est sur un rocher et tient à à la main sa flûte à plusieurs tuyaux.

A droite, un amour ailé, armé d'un arc et d'une torche, voltige dans les airs.

Projet pour la planche des Métamorphoses d'Ovide.—*Paris*, 1767.
Dessin au trait, à la plume, rehaussé d'encre de Chine.
Signé à gauche.
Haut., 13 cent.; larg., 15 cent.

TORO

57 — *Marche triomphale de Vénus.*

Elle apparaît sur un char, traîné par des animaux fantastiques, conduits et escortés par des amours.

Dessin en galerie traité avec beaucoup d'élégance et de finesse.
Il est relevé par une teinte d'encre de Chine et dessiné à la mine de plomb.
A été gravé par Blanc dans une suite intitulée: « *Dessins à plusieurs usages.* » — *Aix,* 1710.

Haut., 13 cent.; larg., 25 cent.

TORO

(PENDANT DU PRÉCÉDANT)

58 — *Marche triomphale de Pan.*

Il est sur un char, orné de chimères ailées, traîné par des Dragons que conduisent des amours aux pieds de faune.

Dessin en galerie du même goût fin et élégant que le précédent.
A la mine de pomb, relevé par une teinte d'encre de Chine.
Gravé par Blanc. *Aix,* 1710.
Les dessins de ce maître ornemaniste sont aussi remarquables que rares.

Haut., 13 cent.; larg., 25 cent.

MINIATURE

RABEL
(DANIEL)

59 — *Portrait de Louis XIII.*

Le Roi a la tête couronnée de lauriers et est revêtu d'une cuirasse damasquinée, sur laquelle est passée l'écharpe blanche.

Dans un ovale formé par des trophées guerriers.

Miniature rehaussée d'or sur vélin.

Haut., 28 cent.; larg., 22 cent.

Cadre en bois sculpté du XVIIe siècle.

ESTAMPES

BEAUVARLET.

60 — *Les Soins maternelle (sic).*

« Gravé d'après le dessein de Monsieur Greuze.
« Tiré du cabinet de Monsieur Damery, chevalier de
« l'Ordre royale militaire de Saint-Louis. » Voir
numéro 3o du Catalogue.

Dans un très beau cadre à fronton, orné de rubans et de roses, en bois sculpté, du temps de Louis XVI.

BOSSE
(ABRAHAM)

61 — *Cérémonie observée au contrat de mariage passé entre Ladislas, roi de Pologne et Louise-Marie de Gonzague, le 25 septembre 1645.*

Cette intéressante estampe représente la chambre du roi, au palais de Fontainebleau, avec sa décoration et son ameublement du milieu du xviie siècle.

Au fond : Louis XIV enfant, la reine Anne d'Autriche; sur la droite, le cardinal de Mazarin.

Très belle épreuve.
Cadre en bois sculpté.

CASA
(NICCOLO DELLA)

62 — *Portrait du roi Henri II.*

Il est représenté le sceptre en main, couronné de lauriers, revêtu du collier de Saint Michel et couvert d'une armure finement damasquinée, décorée de son chiffre et des croissants entrelacés de Diane de Poitiers.

C'est une des plus belles gravures de la Renaissance.

Certains iconophiles croient devoir l'attribuer à Benvenuto Cellini, plutôt qu'à Nicolas della Casa. En effet, le burin lourd et sans esprit du graveur lorrain était incapable de produire cette belle estampe qui semble avoir été gravée par un orfèvre sur une plaque d'argent.

On connaît deux autres épreuves de cette estampe. Le tirage en est très inégal et fait par des mains inexpérimentées.

La planche est tantôt trop encrée, tantôt trop essuyée. Cette planche avait sans doute été gravée à ·d'autres fins qu'à un tirage commercial d'image. C'est ce qui expliquerait son excessive rareté.

Cadre en bois sculpté du temps de Louis XVI.

DEBUCOURT

63 — *La Promenade publique.*

Cette planche représente le Jardin du Palais Royal, ainsi que l'atteste, dans le fond, la vue du Cirque nouvellement construit.

Estampe dessinée et gravée en couleurs. Signé à droite : D. B. 92.

Belle épreuve avec grandes marges.

Encadrée.

MOREAU LE JEUNE
(J.-M.)

64 — *Le Coucher de la Mariée.*

    Estampe gravée par Moreau et Simonet, d'après la gouache de Baudouin.

    Épreuve AVANT LA LETTRE et AVANT LES ARMES, le nom seul de Moreau à la pointe, à grandes marges.

    Encadrée.

PETIT

65 — *Danaé recevant la pluie d'or.*

    Estampe en couleur, pour Bonnet, d'après le dessin de Boucher. (Voir numéro 1 du Catalogue.)

    Encadrée.

www.ingramcontent.com/pod-product-compliance
Lightning Source LLC
LaVergne TN
LVHW020040090426
835510LV00039B/1311